COR DE MARAVILHA

MARIA
JOAQUINA
CARBUNCK
SCHISSI

Porto Alegre
2010

Preparação e revisão
Rodrigo Rosp

Capa
Humberto Nunes

Projeto gráfico e diagramação
Évelyn Bisconsin – Porto DG

Dados Internacionais de Catalogação na Publicação (CIP)

S337c Schissi, Maria Joaquina Carbunck
Cor de maravilha / Maria Joaquina Carbunck Schissi. – Porto Alegre : Dublinense, 2010.
96 p. ; 21 cm.

ISBN: 978-85-62757-14-3

1. Poesia brasileira. 2. Literatura Brasileira. I. Título.

CDD 869.917

Catalogação na fonte: Ginamara Lima Jacques Pinto (CRB 10/1204)

Av. Taquara, 98/504
Petrópolis – Porto Alegre – RS

contato@dublinense.com.br

dublinense

Para Rafael, Carolina
e Francisco

A Guilhermino César
(in memoriam)
pelo estímulo

A Léa Masina
por tudo

Cor de maravilha, esperança de vaga-lume

Celso Gutfreind

Não é consenso nem é universal a função da poesia. Talvez isso seja próprio dela: inclui não ter função e, especialmente, destruir a função, desconstruindo a linguagem. É o que fizeram Mallarmé, mas também Rimbaud, Baudelaire e alguns outros gigantes do ramo.

Não é de se esperar que uma poeta estreante (ou contemporânea) alce tamanho voo. Mas também não é de se esperar que algum poeta alce um voo que seja maior do que ele mesmo. Talvez porque a maior façanha da poesia é, desconstruindo ou não, encontrar a própria linguagem, o próprio jeito, o próprio tamanho.

Neste momento em que a poesia cava frestas para permanecer em um mundo tão concretamente imagético e virtual, este encontro já é, convenhamos, uma façanha.

Mas MJ, neste *Cor de maravilha*, chega até mesmo a desconstruir, e esse é um ponto-chave de nossa apresentação. Falando em façanha, a linguagem é, em si, a maior do ser humano. Porque a linguagem também indica individualidade, possibilidade de separação entre nós e os outros, entre nós e as coisas. Ela nasce criativa, inovadora, e toda criança é um poeta, repleto de surpresas, neologismos.

Com o tempo, no entanto, ela arrefece. E chama sempre muito a atenção o quanto míngua no desenho e, um tanto menos, mas ainda muito, na linguagem em si.

Mas é ouvir com atenção e reparar que educação e civilização fazem com a linguagem o mesmo que fazem com a gente: reprimem ou recalcam, educam-na, dissociam-na, enfim, de nossos verdadeiros sentimentos. A ordem de uma educação habitual é calar, ainda que algumas consigam se livrar de sua própria maldição.

Aqui é que flagro a desconstrução de MJ, presente neste livro. A poesia, no caso, devolve à linguagem o tom impulsivo ou mal-educado no melhor sentido do termo: "Coloco à disposição meu ódio/aos assassinos que ainda hesitam". Ou ainda o excelente: "Sou má o suficiente/para desenhar pássaros".

A maldade que MJ nos oferece não é bem o mal radical, de Kant, ou os impulsos destrutivos, decantados pela psicanálise. E, antes de surgir como depuramento ou metáfora, propõe-se como uma espécie de retorno à condição humana primordial, a vida em seu começo, repleta de risos e gritos primevos ou, sobretudo, de muitos núcleos rítmicos com a própria mãe.

Não há começos (de vida) sem poesia, tampouco poesia sem arcaísmos, coisas primitivas, banhadas pela liberdade de um começo. MJ parece agarrar essa condição essencial ao longo de toda a coletânea e, a partir dela, chegar aonde chegam os poemas, não necessariamente gigantes (há um Baudelaire por século), mas aqueles verdadeiros, que também não são muitos. Assim é que chega a um lirismo de qualidade ("Perto um do outro/trocam aquilo que têm"), a um erotismo de igual patamar ("Vestiria/blusa branca abotoada na frente") e às imagens, destino de toda poesia que se preza: "Um trinar de pássaros/tenta invadir/meu círculo de medo".

MJ despe a linguagem e nos devolve a nudez de um ódio ("Eu tinha-lhe ódios mortais") e de seu nome, frágil, pouco à vontade.

Ela, enfim, arrisca e se expõe ao que a vida, desde o começo, tem de mais mortal: a luta para ser mesmo. Ela nos devolve a vida.

A vida com arte, esta arte, levando como pode o seu próprio desejo indomável e nos concedendo algo nada menor como "um vaga-lume atravessa a noite/carregando sua pequena luz".

Uma pequena luz. O que mais pedir de uma arte?

"Ter um lugar no mundo,
ter um destino entre os homens,
ter uma obra, uma força,
uma vontade, uma horta"

Fernando Pessoa

Cor de maravilha

Me jogo de bruços sobre a cama
e choro,
como se fosse morrer.

Lá fora, o cacto abriu flores
cor de maravilha,
e elas embelezam meu pátio,
como se não fosse inverno
e eu não estivesse triste.

A voz do cantor e poeta alucinado
enche de som o meu quarto
e me faz sentir vontade de consolar,
como se eu própria não estivesse louca de dor.

Acendo o incenso,
e seu perfume me lembra uma procissão,
com cânticos e pessoas de mãos dadas,
e sinto vontade de partilhar,
como se não fosse miseravelmente pobre.

Antes de explodir,
arrebento portas, janelas e correntes,
pego a caneta, o papel e o coração
e escrevo para você e para mim este poema,
como se não tivesse medo.

E me alegro,
como se fosse possível.

Cabra-cega

Ferida de morte,
ela escondeu-se dentro de mim.

Em sua agonia,
arrasta-me
em busca de uma fenda na parede,
e me obriga a ficar simplesmente
quieta,
enxergando nada,
respirando pouco,
escondendo tudo.

Sedenta, faminta,
ela abocanha meu sangue
antes que chegue ao coração,
engole os alimentos
antes que alcancem minhas vísceras,
e se regozija,
me transformando de borboleta em
crisálida.

Perversa, medonha,
ela destrói a trama dos músculos
que sustentam minhas pernas,
troca de lugar os neurônios
de ambos os lados de meu cérebro,
e me faz escancarar as janelas
quando chega a tempestade.

Cabra-cega,
eis-me transformada em seu
instrumento.

Em segundos,
passam pela minha cabeça
todos os maus pensamentos.

Armo todas as intrigas,
fomento todos os rancores,
planejo todas as vinganças.

E me divirto à larga,
jogando para o alto
uma ninhada de gatos
ainda de olhos fechados.

Por fim,
por sua mão esquálida
dentro de meu braço,
arrebento as portas
de todas as prisões de segurança máxima
e enterro no fundo do mar
todos, todos os favos de mel.

Pôncio Pilatos

Vozes me desafiam,
exigem que eu saia de casa,
me exponha,
confesse meus pecados.

Arrasto pelo chão
unhas crescidas que sangram.
Carrego um judas,
um pôncio pilatos,
e nem disfarço o olhar
frio e traiçoeiro.

Meus rancores pulam sob a camisa,
não sentem vergonha,
querem a luz da ribalta,
querem aplausos, vivas, berros,
querem dar tiros pro ar.

Vocação

Coloco à disposição meu ódio
aos assassinos que ainda hesitam.

Mato também em nome próprio,
sem silenciador.

Ofereço bondades,
recebo segredos,
conquisto vítimas com facilidade.

Não lavo as mãos:
tenho vocação para o crime.

A fórceps

Partejo a fórceps
estratégias para o mal.

Amamento com orgulho
meus frutos,
para que cresçam
robustos e sadios.

Sei que honrarão meu nome,
sepultarão minhas vítimas,
perpetuarão meu ódio.

Pecado venial

Confesso.

Sou má o suficiente
para desenhar pássaros
e não desenhar ninhos,
nem insetos, nem galhos,
nem mesmo um mínimo risco.

Moscas

Peso uma tonelada.

Ódios acumulados
preparam
um grito.

Pecados inconfessáveis
voam ao meu redor,
torturam-me feito moscas.

Meu pulso foge,
hesito,
fraquejo,
paro no meio da rua.

Inveja

Meus sentimentos maus
parecem roupa suja
num cesto,
algumas do avesso,
outras sem botão,
várias peças incompletas.

Entristeço
ao ouvir histórias tristes,
sinto-me boa, generosa,
desejo melhor sorte
a quem me confidencia.

Mas,
se me contam coisas alegres,
sinto raiva,
quisera que morressem,
odeio tais alegrias.

Ódios mortais

Eu tinha-lhe ódios mortais,
um seria pouco.

Ela era rica,
bonita,
e não abotoava
a gravata do uniforme,
que pendia em seu peito,
como um pássaro morto.

Além disso, tinha
cabelos bem lisos.
E espiava pela janela,
querendo conhecer minha casa
pobre.

Reptiliana (1)

Escondida em minha gruta,
encostada na parede,
tenho os olhos arregalados
mas não enxergo
além de um palmo de chão.

Rastejo em busca
talvez de sol,
de um caminho
já marcado por passos,
de uma porta
por onde entrar.

Uma casa,
uma mesa,
ao lado da qual
possa pôr-me em pé.

Reptiliana (II)

Subo pelo tronco
e me acomodo
no galho mais alto.

Fecho os olhos,
sinto o sol e o vento.

Enquanto não sentir fome,
quero estar assim,
impávida.

Um animal sem escolhas.

Trem circular (1)

Eu tive uma unha encravada,
me afligiu durante anos.

Era uma felpa, uma lança,
um canivete cravado,
doendo
como um trem circular.

O dedo ferido,
coberto de gaze suja,
com nódoas de pus e sangue.

Os pés frios, em sandálias rasas,
ainda travam meus passos.

Trem circular (II)

Prolongo o momento de adormecer,
quisera não amanheça.

Passo as noites numa
estação fantasma,
à espera do trem que desponta
com o sol
e sua carga de horrores.

A dor é a primeira a saltar,
e me abraça por inteiro,
tem saudades.

As imagens que julgava sonhos
revelam-se pesadelos
e se materializam.

As pessoas me acenam,
são mortos indesejáveis
que retornam,
sorridentes como Judas.

Do último vagão
desembarcam o medo, a cobiça,
a ira.

É o trem circular,
indo, vindo,
sempre, sempre,
noite, dia,
sempre, sempre...

Nada

Um trinar de pássaros
tenta invadir
meu círculo de medo.

Outros barulhos da rua
vão e vêm,
e eu, nada.

Deito a cabeça
no espaldar da poltrona,
penso, penso,
e nada.

Unhas crescidas

É um homem cheio de nada,
salvo andrajos
e um cachorro que se arrasta.

Perto um do outro,
trocam aquilo que têm:
o calor, o cheiro forte,
unhas crescidas que coçam.

Sem complacência

Espíritos maus riem de mim.

Grito,
peço que me ajudem,
mas ninguém me vê,
ninguém tem complacência.

Tristezas se multiplicam,
não há consolo possível,
projetos de morte
vicejam com minha dor.

Café morno

Um vaga-lume atravessa a noite,
carregando sua pequena luz,
seu brilho,
no rumo certo.

Eu,
eu engulo um café morno,
quase sem açúcar.

Às cegas

Rastejo na terra molhada,
às escuras.

Não quero engolir as minhocas
que se retorcem às cegas.

Procuro ervas curativas
e uma nesga de sol.

Náusea

Meus pés falseiam,
o chão ondula,
um soco no estômago me dobra
pela metade.

A morte seria melhor.

Depressão maior

Como quem brinca de estátua,
uma fada ruim me paralisou.

Fiquei na ponta
dos pés,
braços ao alto,
inertes meus apertos de mão.

Não posso abraçar meus amigos,
nem dar-lhes
tapas nas costas.

Bom dia!

Como se tivesse caído na armadilha
durante a noite,
todas as manhãs de minha vida
eu precisei fazer força
para levantar da cama.

Máscara

Inventei um sorriso
e colei
em meu rosto.

Só preciso evitar
a chuva,
o calor, o frio.

E mastigar lentamente.

Em pé

Ódios acumulados preparam
um grito rouco.

Sentimentos inconfessáveis voam,
torturam-me, feito moscas.

Meu pulso foge através dos dedos,
hesito,
fraquejo,
paro no primeiro degrau.

Eclipse

Carrego dentro de mim
uma lua morta.

Do monumental cadáver
escoam pelos meus poros
os restos de sua luz pálida,
e no negro das noites
os amantes se perdem,
cruzando-se em direções opostas.

Sem lua nova, nem cheia,
desequilibram-se os nascimentos.

Nascem antes do tempo
crianças mal formadas,
que não terão dedos para arrancar
pétalas de girassol,
nem jogarão para o alto
balões multicores
nas festas de aniversário.

Sem minguantes, nem crescentes,
perturba-se o crescimento das plantas.

Não ficarão maduras as laranjeiras,
nem haverá bergamotas doces
para aliviar nosso medo,
nos meios-dias ensolarados do inverno.

Com sua face oculta
enterrada em meu ventre,
silenciam os violões, os cantores, os grilos,
e até as gotas de orvalho entristecem
e se recolhem ao centro das rosas.

Movimentos

Jogo-me ao mar,
desfeita em pedaços.

Mão, pernas,
pés, braços
flutuam e assombram.

Unhas, dentes,
em cortejo,
deslizam como fantasmas.

Fios de cabelo sobem,
formam um véu,
peças de roupa afundam,
aferram-se às algas.

Em silêncio

As palavras que não dissemos
tinham, por irmãos, sorrisos cor de laranja,
eram primas de abraços rubros como o sol,
contraparentes dos apertos de mão,
amigas íntimas de gestos e olhares,
madrinhas de todos os entendimentos.

As palavras que não dissemos
uivam dentro de nós,
e não escutamos o barulho do trem
que para à nossa frente,
nem enxergamos as mãos
que nos saúdam.

As palavras que não dissemos
inflam dentro de nós,
e se transformam nos fetos indesejados
que abortaremos aos pedaços
e que assombrarão nossas noites.

Sapatos de verniz

Antes de morrer,
gostaria de tomar banho
e trocar de roupa.

Vestiria
blusa branca abotoada na frente,
saia de pregas azul-marinho,
sapatos pretos de verniz.

Sentaria
numa cadeira de espaldar alto,
o braço cruzado,
a mão sob o queixo.

Uma réstia de sol sobre a mesa,
o súbito anoitecer,
o silêncio, o silêncio.

Três perguntas

Um galho se destaca mais alto,
quebrando a simetria
da árvore.

É o primeiro a receber
a chuva,
o vento, a tempestade
que assustam.

Devemos cortar seu caule,
arrancar suas folhas,
e enterrá-lo vivo
para que nasça de novo?

Deixá-lo
para que vença seu medo?

Ou transformá-lo
em lenha, em cinzas,
e enterrá-lo morto
para que morra de vez?

Socorro

Acendo um cigarro atrás
do outro,
querendo emitir sinais
de fumaça
para que venham
em meu socorro.

Amontoo no cinzeiro restos mortais
dos pequenos cajados brancos,
aos quais me agarrei
para distrair o medo.

Mas foi a brasa
que sinalizou onde
eu estava,
atraindo cobras que
me estrangularam.

Lázaro

Como Lázaro, sobreviveste.

E agora falas, gesticulas,
dás ordens,
fazes perguntas.

Ainda queres partilhar
o mínimo lampejo
que te resta.

Cala-te.

Tua voz nos incomoda,
evitamos teu olhar,
nenhum sorriso sobrou
em nosso rosto.

E, no entanto, choraríamos,
se tivesses conseguido morrer.

Lázaro desobedece

Lázaro dorme
no berço, aferra-se
ao leito,
pressente,
escuta.

Lázaro escuta
uma ordem:
"Levanta, Lázaro,
e anda".

Boa noite!

Um Judas prepara
minha cama.

Alisa meus lençóis,
ajeita meus travesseiros,
deixa cobertores dobrados,
caso eu sinta frio.

Fecha a porta,
apaga a luz,
para que pensem que durmo.

Talvez

Meus propósitos
se esgueiram pela porta,
fogem de mim,
lamentam meus desatinos.

Invento que estou louca,
finjo que tenho tosse,
balbucio.

Talvez me levem ao manicômio,
me acorrentem ao pé da cama,
talvez me façam dormir.

Cigarros no meio da noite

Foi assim que mergulhei
na morte do homem que amava.

O coração feito um tambor,
retumbando por socorro.

O tenebroso medo
de viver sem aquele que morreu
invadindo tudo como água,
e me arrastando
de onde eu pensava estar a salvo.

O horror de ver
o mesmo corpo que ontem aquecia o meu
transformado num cadáver.

Eu olhava os dedos entrelaçados
no peito daquele cadáver
e enxergava a brasa
dos cigarros que ele acendia no meio da noite,
brilhando como um vaga-lume,
no repetido gesto de levar para trás
os cabelos que lhe caíam na testa.

Formigas e abelhas

Foi marrom
a noite miserável
em que velei o homem que amava.

Era a cor da roupa que eu vestia,
encolhida de frio e de dor.

A expressão de seu rosto, natural,
esboçava um leve sorriso,
quando levantei o lenço que o cobria.

Passei quase toda a noite em pé,
ao lado do caixão,
acariciando seus cabelos e sua barba,
que não ficaram gelados.

Diversas vezes, eu me afastava um pouco
e ficava olhando o perfil do seu rosto,
que sobressaía do caixão.

Fazia isso de propósito,
para me convencer
que era mesmo ele dentro de um caixão,
que era ele dentro de um caixão,
era ele dentro de um caixão.

Era ele, era ele,
o homem que eu amava e amava,
com a intensidade e a tenacidade
das formigas,
das abelhas,
que vão,
que voam,
carregam,
tropeçam,
retornam,
refazem,
e transformam flores em mel.

Estrelas mortas

Assim como o brilho das estrelas mortas
traz notícias dos confins do universo,
imagens do que vivemos juntos
invadem meu campo de visão.

Em carne e osso te recriam,
cigarro no bolso da camisa,
mangas arregaçadas.

Filme do qual participo,
e ao mesmo tempo estou na plateia.

Lá, dou risada,
fazendo de conta que fumo teu cigarro.

Aqui, devoro cada detalhe das cenas,
até as manchas de nicotina
nos dedos de tua mão direita.

A morte dos amantes

É possível que dois amantes
se matem um ao outro
ao mesmo tempo.

É possível que dois amantes
se matem juntos
ao mesmo tempo.

É possível que dois amantes
morram juntos
ao mesmo tempo.

É possível um amante
matar o outro
e depois matar-se.

É possível um amante
não resistir à morte do outro
e matar-se.

É possível um amante
não resistir à morte do outro
e morrer.

É possível sobreviver
à morte da pessoa que amamos?

Um rosto de paz

Um perfume agridoce
junto com a brisa,
e eis que ouço sua voz.

Ela cantarola
a música de que mais gosto
e que fala de um mundo melhor.

Traz consigo uma caixa
e dela retira mistérios:
um vestido,
um par de sapatos,
meias
e um terço cor de pérola
que enrola em meus dedos.

Traz ainda outros tesouros:
pente, pó, batom,
e compõe em mim
um rosto de paz.

Torneiras de chumbo

Não consigo dormir.
Não durmo.

Pedaços de sonho se arrastam
pelo quarto,
fantasmas me aguardam
no corredor.
Seus olhos esburacados
me engolem inteira.

Não consigo beber.
Não bebo.

Os copos trincam em minhas mãos.
Rebentam as cordas dos baldes.
Torneiras vomitam chumbo.

Desespero

Tento me segurar.

Arranco galhos, folhas,
despedaço flores
e frutos incipientes.

Raízes apertam meus pulsos
e me arrastam
de cabeça para baixo.

Falência

Frases inteiras
quebram dentro de mim.

Fragmentam-se em
palavras, sílabas, letras,
desnorteadas.

Destroem-se
significados que julgava prontos.

Desmoronam
símbolos que me iluminavam,
sinalizando que era eu
quem estava ali.

Sonhos

Sinto cócegas nos olhos.

São sonhos que dançam
em minha retina,
para que eu não os veja,
não lembre deles.

Depois,
torturam-me durante o dia,
fingem que vão aparecer.

É alguém que se insinua sob a cortina,
um gesto dúbio debaixo da mesa,
uma sombra que passa,
e uma porta que se fecha
para sempre.

Aqui

Nuvens muito escuras
prenunciam
a chuva, o vento,
a tormenta.

A tormenta
quebra calçadas, abre buracos
dos quais não sei se volto
com vida.

A vida
me empurra,
desorienta meus passos.

Meus passos me seguram aqui.
Aqui.

Ex orbita

Nas minhas veias,
não corre sangue
azul ou vermelho,
mas antes qualquer coisa:
pétalas de girassol
de um amarelo assustado,
madrugadas que nascem
frias,
bichos que espreitam.

Nas minhas entranhas,
em lugar do útero,
jaz um saxofone,
com todos os uivos e lamentações
do jazz,
gestação de séculos
que não explodirá em parto algum.

Meu coração
é uma pandorga,
que se perdeu da mão do menino,
e vaga furiosa através das galáxias,
em busca não sei de que sol,
não sei de que ursa,
de que maravilhoso anel,
sequer pressentindo
o simples mergulho.

Gato e rato

Durante muito tempo,
o demônio zombou de mim,
brincou comigo.

Como o rato
que pensa escapar do gato,
eu corri,
subi paredes,
procurei brechas.

Em vão.

Dou-me por vencida.

Incertezas

Não sei quando o sol,
ardente,
gigantesca estrela,
vai se extinguir,
enregelando este pequeno planeta
onde vivemos
e morremos.

Não sei como a lua,
gelada,
minúsculo satélite,
nos receberá
e aquecerá a todos,
no dia da ressurreição.

Desconheço se conseguirei
atrair as palavras
que orbitam em meu redor
e armazená-las,
para acordar os poemas
adormecidos em mim.

Um lázaro

Todos os dias
um lázaro desperta em mim.

Espia pelos meus olhos
recém-abertos.

Apalpa meu rosto,
busca traços de um sonho,
vestígios de palavras
que talvez balbuciei dormindo.

Levanto
e ando.

Lembranças

Reinventadas,
a cada suspiro,
elas circulam
em meu campo de visão,
emitindo a luz
das estrelas mortas.

Lançam na sombra
metade de mim.

Águas

Trovões, relâmpagos,
dentes rangendo.

Uma chuva torrencial
assola meu mundo,
como se as águas
que correm nas profundezas
tivessem revertido seu rumo,
vindo à superfície
julgar os vivos e os mortos.

Sem medo

Não escolhi.

Se pudesse,
teria feito diferente.

Colocaria cada botão
em sua casa,
balas nos bolsos,
o medo fora dos trilhos.

Flamingo

Era uma ave cor de rosa,
bela, soberba, rara.

Parecia uma mancha
imóvel no céu.

Mas, não.
Não pairava, voava.

Súbito,
perdeu força
e despencou sobre mim.

Na queda,
caímos juntas,
abrimos feridas:
uma na outra.

Medos

Numa noite clara
e fresca,
alguém espia
pela janela do quarto.

Meus medos estão ali,
pegos de surpresa,
perto dos sapatos
ao pé da cama.

Na ponta dos pés

Arrasto raízes soltas,
repito caminhos
em busca de pistas.

Caminho na ponta dos pés,
hesito,
ensaiando a morte.

Exalo o cheiro do medo.

Meu suor deixa marcas na mesa,
onde me agarro
antes de cair.

40°

Quarenta graus centígrados,
o planeta tem febre.

O suor escorre em meu rosto,
limpo com o dorso das mãos
e anseio pela noite,
pelo frescor das madrugadas.

Quisera que a febre destruísse
nossos maus propósitos,
fazendo brotar novas formas,
novos gestos de entendimento.

Solzinho

Cruzo as pernas
sobre o sofá
ponho as mãos
sob a nuca.

Um sopro
de brisa,
um solzinho
no rosto.

Acho que perdi
a vontade de me matar.

Sapatos trocados

Procuro olhos que encontrem
os meus.

Um sinal de reconhecimento,
meio sorriso, meia palavra,
até sapatos trocados
que aceitem meus pés.

Vitalidade

A saia caminhava comigo.

Pernas entrevistas,
pés satisfeitos,
passos decididos.

Borboleta

Borboletas evoluem,
somam suas cores às demais,
como se
não tivessem poucas horas de vida.

Fome

Sinto o calor do sol,
o perfume das flores,
o cheiro da terra.

Uma sensação boa de fome,
vontade de comer.

Sair correndo, correndo,
e saltar pra dentro da vida.

Ao máximo!

Na varanda,
um balanço voava,
eu juro que voava.

Preparar voo,
pernas para trás,
dobradas.

Já!

Voando,
pernas para frente,
esticadas.

Ao máximo!

Em cima do muro

Subo no muro e fico sentada,
balançando as pernas.
Assobio meio sem jeito,
canto baixinho.

As pessoas estranham,
olham curiosas.
Mas eu dou de ombros,
não quero explicar nada.

Maluquez

Ninguém aprende a ser louco.

Nascemos assim,
fomos concebidos assim,
misturas de mal e bem.

E seguimos misturados,
tentando nos separar,
pois não queremos ser maus.

Todos queremos ser bons.

Ficamos na corda bamba.

É ter coragem,
saltar, e
oxalá ficar em pé.

Águas do Rio Uruguai

As águas mornas do Rio Uruguai
foram meu brinquedo, minha alegria,
horas suspensas,
recortadas
como bonecas de papel.

Cabeças ao sol,
risadas diluídas na água,
mãos dadas formando rodas
dentro do rio.

Dedos murchos
molhavam o pão com doce
depois do banho.

A água do Rio Uruguai,
eu a represei toda
dentro de mim.

Bonecas de papel

Recortar bonecas de papel,
cortar vestidos para elas,
vesti-las.
Apontar os lápis de cor,
soprar suas lascas enroladas.

Desenhar uma vida para elas.

O óbvio sol no canto
em cima da página,
à direita,
a óbvia lua no canto embaixo,
à esquerda.

No meio uma casa,
uma horta.

Uma rosa.

Eu guardava a vida
dentro da revista
e ia dormir.

Diana

Meu pai era carpinteiro
e gostava de caçar.

Tinha uma cadela perdigueira
chamada Diana.
Ele mesmo deu-lhe esse nome
embora nada soubesse de mitologia.

Lembro de vê-lo sair à caça,
a espingarda no ombro.
Diana à frente,
lépida, faceira.

Voltava ao anoitecer,
o bornal cheio de perdizes.
Diana atrás,
tranquila, cansada.

Pregada na cruz

Minha alegria ausentou-se.

Deixou-me pregada na cruz
e desapareceu
por ali.

Depois enveredou pros lados do mar,
em busca de
barcos, velas, ventos.

Morangos e pássaros

Meus morangos caíram sob a roda
e eu não senti nenhum sobressalto,
nem mesmo um tremor nos olhos,
ou uma fisgada no ombro direito.

A doce polpa foi deixando rastros,
e um cortejo de pássaros formou-se atrás de mim.

Ouviam-se chilreios,
bicos encontravam pedras,
penas tombavam
e eram misturadas
aos pedaços do meu enredo.

Bergamotas

Bergamotas permeiam
minhas melhores lembranças.

Gestadas na primavera,
ficam prontas no inverno.

Afinam suas cascas,
engordam seus gomos,
apuram seu sumo.

Para nosso deleite,
nos dias ensolarados
do inverno.

Hibiscos vermelhos

Ao redor de mim,
tudo é plácido,
bucólico.

Um pé de hibiscos
é até acintoso
em sua majestade tranquila.

Folhas e flores balançam,
exibem-se sem modéstia,
convictas de seu valor.

Diante delas,
nada tenho a dizer.

Envergonham-me
os maus sentimentos
que me afligem.

Envergonha-me reconhecer
que invejo essa árvore,
essas folhas,
essas flores vermelhas.

Figos ao sol

Ressuscitaremos no terceiro dia.

Panos brancos,
com manchas de sangue,
marcarão o lugar.

Envoltos em véus,
faremos o sinal da cruz
e beberemos vinho
em sinal de regozijo.

Daremos as mãos,
e nosso olhar será doce e quente
como figos ao sol.

Fôlego

De madrugada,
abro a janela
e vejo o dia nascendo.

Tudo está parado,
como a mulher que vai dar
à luz
e toma um fôlego.

Miserere nobis

Seguimos desavisados,
as mãos no bolso,
exalando os melhores propósitos.

Ostentamos dotes juvenis,
unimo-nos em clãs,
formulamos votos em prol do bem.

De bom grado, levamos
a mão direita ao fogo,
na certeza de que eles
(nossos dotes, nossos votos)
se transformarão em obras,
em aplausos,
em olhos ofuscados
pelo brilho de nossa luz.

Miserere nobis!

Não sabemos,
pisamos em terreno minado.

Na hora marcada,
saltarão sobre nós
os perigos que nos pertencem:
a verde inveja,
o amor escarlate,
a aranha de olhos enormes
e teias de aço,
o caçador com seu cachorro e sua espingarda,
o homem do outro lado da rua,
a mãe dentro da nossa casa.

TÍTULOS DA EDITORA

Um guarda-sol na noite e outros contos · Luiz Filipe Varella
Sanga Menor · Cíntia Lacroix
O Ideograma Impronunciável · João Kowacs Castro
Mar quente · Enio Roberto
O girassol na ventania e outras histórias · Marco De Curtis
Outras mulheres · Charles Kiefer (org.)
Enchentes · Guido Kopittke
Contos da mais-valia & outras taxas · Paulo Tedesco
O quase-nada · Valmor Bordin
A Copa que interessa · Eduardo Menezes
Crime na Feira do Livro · Tailor Diniz
Moinhos de sangue · Ana Cristina Klein
Cor de maravilha · Maria Joaquina Carbunck Schissi

Para mais informações, acesse www.dublinense.com.br.

dublinense

Este livro foi composto em fontes Day Roman e Rosewood Std e
impresso na gráfica Pallotti, em papel pólen bold 90g, em junho de 2010.